SOUVENIR

DE LA

PREMIÈRE MESSE

DE

M. L'ABBÉ J. MARCHAL

A VILLE-SUR-ILLON

SA PAROISSE NATALE

En la fête de l'Annonciation de la Sainte Vierge

LE 5 AVRIL 1880

NANCY

TYPOGRAPHIE G. CRÉPIN-LEBLOND, 14, GRAND'RUE

—

1880

SOUVENIR

DE LA

PREMIÈRE MESSE

DE

M. L'ABBÉ JULES MARCHAL

SOUVENIR

DE LA

PREMIÈRE MESSE

DE

M. L'ABBÉ J. MARCHAL

À VILLE-SUR-ILLON

SA PAROISSE NATALE

En la fête de l'Annonciation de la Sainte Vierge

LE 5 AVRIL 1880

NANCY

TYPOGRAPHIE G. CRÉPIN-LEBLOND, 14, GRAND'RUE

—

1880

Misericordias Domini in æternum cantabo.

Je chanterai éternellement les miséricordes du Seigneur.

(PS. LXXXVIII, 2.)

C'était grande solennité à Ville-sur-Illon, le lundi 5 avril 1880, en la fête de l'Annonciation de la Sainte-Vierge. M. l'abbé Jules Marchal, secrétaire particulier de Monseigneur l'Évêque de Saint-Dié, était rentré dans sa paroisse natale, il allait, suivant l'expression populaire, y dire sa première Messe. C'est pourquoi les habitants de Ville avaient généralement interrompu leurs travaux, témoignant ainsi que cette fête de famille était vraiment une fête de paroisse : les localités voisines avaient même envoyé, dès le matin, de pieux fidèles dont l'empressement redisait assez haut quelle importance ils attachaient à cette touchante cérémonie.

Une première Messe, que de choses cela dit au cœur, dans une paroisse de campagne ! En cet humble milieu où la vie de chacun se déroule avec ses moindres détails sous les regards de tous, quels sentiments divers sont provoqués par la vue du jeune prêtre, quel mélange indéfinissable d'admiration, de respect et d'amour ! On l'a vu petit enfant grandir avec ceux de son âge, et c'est sa main qui va s'arrêter sur le front des enfants pour les bénir à la grande joie de leurs mères. Les vieillards se redisent avec attendrissement combien il était heureux autrefois quand il obtenait d'eux une caresse, un mot d'affection, quelque témoignage de sympathie : et c'est à lui maintenant que tous demanderont une faveur, la vieillesse fatiguée l'appui de ses prières, la jeunesse inexpérimentée un conseil affectueux ; ceux qui sont aux prises avec le malheur retrouveront près de lui des consolations inespérées, ceux qui luttent péniblement contre l'ennemi des âmes, il les fortifiera, il leur rendra un courage nouveau. Il n'est personne qui ne doive l'approcher avec confiance, car il n'est personne qui ne puisse en obtenir quelque chose des trésors célestes. Mandataire de Dieu, il va exercer parmi les hommes un ministère sublime ; mandataire des hommes, il va défendre leurs intérêts auprès de Dieu. Oui, redisons-le dans toute la joie de nos cœurs : O touchante bonté du Seigneur ! ô grandeur éclatante de ses élus !

N'oublions pas non plus que certaines circonstances extérieures donnent quelquefois à ces sentiments une plus grande force encore, un plus grand empire sur les âmes : c'est lorsque le jeune prêtre appartient à une famille considérée, lorsqu'il a sacrifié pour l'amour de Dieu de brillantes espérances, et qu'il a enseveli dans son sacrifice l'espoir d'un nom qui s'éteint. Il en était ainsi de M. l'abbé Marchal : rien ne manquait à la beauté de la fête que nous allons décrire.

Il est dix heures : la voix des cloches retentit majestueusement, comme en un jour de triomphe, un immense cortége sort de l'église et se dirige vers l'heureuse famille. En avant de son habitation (c'était autrefois une demeure seigneuriale) s'étend une vaste cour ; tandis que le cortége s'y déploye largement, arrêtons-nous et considérons un émouvant spectacle. Sur le seuil élevé, bien en vue de l'assistance, le jeune prêtre s'est avancé et se mettant à genoux il entonne d'une voix émue le *Veni Creator :* derrière lui, son père se tient debout, un peu plus loin l'on aperçoit sa mère et sa sœur. Mais quoi ? toutes deux fondent en larmes ! Et cependant n'est-ce pas cette même sœur qui a voulu broder de ses pieuses mains, l'aube qu'il devait revêtir en cette solennelle circonstance ? Et si quelque âme ici-bas a été pour quelque chose dans sa vocation sacerdotale, n'est-ce pas sa sainte mère, ne sont-ce pas ses prières ardentes ? Non, il n'en faut pas douter, ce sont des larmes de bonheur que versent en ce moment cette bonne mère et sa fille bien-aimée. Quant au respectable père, c'est lui surtout qui attire notre attention. Sa mâle figure se contracte visiblement, il a bien de la peine à contenir les flots montants de l'émotion : son regard toutefois reste ferme, et, tantôt dirigé vers le Ciel, tantôt dominant l'assemblée, il semble dire que le Seigneur a demandé un grand sacrifice, mais que ce sacrifice est fait de grand cœur. A genoux devant lui, le jeune prêtre est dans l'attitude d'une victime. Les souvenirs de la Bible nous reviennent alors à l'esprit, nous nous représentons le noble Isaac à genoux devant son père, et cet héroïque patriarche s'apprêtant, le bras levé, à faire à Dieu le plus généreux des sacrifices. Nous avons cherché en ce moment le frère aîné, un hasard le retenait à distance, près des amis de la famille ; mais nous avons pu nous convaincre dans la suite qu'il était, lui aussi, bien vivement ému, et qu'entre lui et les siens il y avait parfaite communauté de sentiments. En vérité, un artiste eut pu disposer d'une manière heureuse ces divers éléments et son pinceau en eut fait sortir une œuvre saisissante, un émouvant tableau de famille.

Nous nous y sommes arrêté un peu complaisamment: hâtons-nous de poursuivre notre récit, parlons du cortége qui est en marche et remonte vers l'église.

Voyez-vous, en tête, derrière la croix, flotter la bannière de la Sainte-Enfance? Comme elles sont gracieuses les deux lignes mouvantes qui la suivent, petites filles en robes blanches, petits garçons en aube de même couleur! Mais dites-moi, la blancheur de leur costume et l'innocence de leur âge ne sont-ils pas des emblèmes d'une évidente vérité? ne rappellent-ils pas admirablement les vertus indispensables au prêtre pour immoler l'Agneau sans tâche? Oui, ces aimables enfants sont bien à leur place; c'est à eux d'entrer les premiers dans le temple, d'en ouvrir les portes au roi de la fête.

Voici venir, à leur suite, la bannière de la sainte Vierge, escortée de nombreuses congréganistes: celles-ci, à leur tour, ont un droit incontestable à la place qu'elles occupent. Ne célèbre-t-on pas en effet l'une des plus belles fêtes de leur céleste mère, l'Annonciation de la sainte Vierge? Et si ce jour a été choisi de préférence par le jeune prêtre, n'est-ce pas en souvenir d'un doux pèlerinage qu'il faisait naguère, à Notre-Dame de Lorette? Et le lendemain de ce beau jour n'avait-il pas l'honneur d'être admis aux pieds de Pie IX, le grand serviteur de Marie, n'avait-il pas l'honneur d'entendre l'immortel Pontife faire allusion à son futur sacerdoce par ces paroles qu'il garde précieusement en son cœur : « *Clericus, nondum presbyter.* » Nous pourrions en dire plus long sur son culte pour Marie et sur certaines faveurs qui en ont été la récompense, mais l'amitié aurait droit de se plaindre, n'arrachons pas le voile de la discrétion.

Après la confrérie de la Sainte-Enfance, après la congrégation de la sainte Vierge, vient enfin le clergé. On voit dans ses rangs MM. les Doyens de Dompaire et de Darney, on y voit plusieurs professeurs de la Malgrange, anciens maîtres de M. l'abbé Marchal, on y voit enfin de nombreux ecclésiastiques dont la plupart tiennent à la famille par de vieilles relations; en ce beau jour c'est pour eux un devoir de se presser autour du jeune prêtre et d'augmenter par leur présence l'éclat de la fête. Il est deux noms cependant auxquels nous voulons nous arrêter un instant: M. l'abbé Florentin, directeur de la Malgrange, M. l'abbé Noël, directeur au séminaire de Saint-Dié. Le premier a préparé jadis le jeune collégien au grand acte de la première communion, il a travaillé avec zèle à faire de lui un vrai chrétien, il a fait pour lui ce qu'il fait depuis plus de vingt ans pour les jeunes générations qui éprouvent successivement son affection sans épuiser son infatigable dévouement. M. l'abbé Noël a reçu plus tard la tâche de développer dans le jeune lévite les vertus qui font la gloire du prêtre. Il ne nous appartient pas de juger cette œuvre si grande et si délicate, mais nous pouvons bien le dire, la dévotion envers Marie nous a fait reconnaître plus d'une fois que notre jeune ami avait eu pour maître ce prêtre pieux dont le nom restera cher aux pèlerins de Lorraine, à la douce et puissante Vierge de Lourdes. M. l'abbé Noël fera tout à l'heure l'office de prêtre assistant; c'était justice, nul plus que lui n'avait droit à ce bonheur. Heureux aussi, heureux le jeune prêtre qui a pu, en ce beau jour, réunir autour de lui ceux qui lui sont chers à tant de titres, et placer les prémices de son sacerdoce sous les auspices de leurs prières et de leur amour. M. l'abbé Marchal a goûté en outre le plaisir d'avoir à sa suite presque tous les membres d'une nombreuse famille : tous ces éléments réunis formaient pour le héros de la fête un splendide cortége. L'esprit de foi, le recueillement qui animaient cette foule ont fait aussi de cette procession édifiante un vrai triomphe pour la religion.

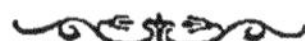

Nous sommes au seuil de l'église ; elle a reçu un genre d'ornementation tout à fait spécial pour la circonstance, on dirait une reine qui a revêtu ses plus riches parures pour accueillir le prince, son fils, en un jour de triomphe. Des deux côtés de la nef principale et à chacune des colonnes qui en supportent la voûte ont été adaptées de grandioses oriflammes ; ces deux lignes majestueuses vont se prolonger jusqu'au pourtour du chœur et se confondre en une ligne courbe du plus grand effet. On voit en même temps à la hauteur des chapiteaux et depuis la porte d'entrée jusqu'au fond du chœur courir des deux côtés un long cordon de verdure formé de branches de sapins habilement entrelacées. Rien de plus agréable pour l'œil que le contraste des diverses couleurs, la verdure des cordons et le fond blanc des oriflammes sur lequel se détachent de magnifiques lettres d'or. Ce n'est pas tout : le cœur trouve là sa part de jouissances aussi bien que les yeux. Parmi les inscriptions qui captivent nos regards, les unes rappellent le sacerdoce catholique avec ses glorieuses prérogatives, les autres retracent le monogramme de

Jésus-Christ, celui de la sainte Vierge et de saint Joseph : on voit plus loin les armes de Pie IX, de Léon XIII et de Mgr l'Évêque de Saint-Dié. Ainsi, en même temps que ces nombreux tableaux lui redisent les insignes faveurs de son ordination, ils rappellent au jeune prêtre les grandes choses qui lui tiennent le plus au cœur, l'Église figurée par d'éloquents emblêmes et les dévotions capitales de la vie chrétienne. Quelle délicate attention d'avoir mis sous ses yeux, à son entrée dans le temple, je dirais presque un panorama de la vie du prêtre ! Et même ces humbles rameaux qui ornent les Vosges d'une verdure perpétuelle, ne semblent-ils pas lui redire que son caractère sacerdotal est plus indestructible encore, qu'il est impérissable aussi bien que l'Église d'où il tire sa source. Honneur aux mains pieuses qui ont exécuté ce beau travail! honneur aux artistes modestes qui ont trouvé d'aussi heureuses inspirations !

Mais n'avez-vous pas remarqué près de la chaire, cette oriflamme d'un aspect étrange ? Elle porte en caractères noirs les initiales X. B. C'est le nom d'un défunt de vénérable mémoire, d'un pasteur enlevé à l'affection de sa paroisse où il a laissé le souvenir d'un bon père. Il avait baptisé le jeune prêtre; son suprême bonheur eut été sans doute de le voir monter à l'autel. Mais, s'il n'a pu jouir ici-bas de son triomphe, il le contemplait évidemment du haut du ciel.

Oserons-nous rappeler une autre mémoire également chère à la famille? Il est dans l'assistance une épouse qui a vu s'ouvrir prématurément la tombe de son époux; il est une jeune fille qui peut encore exprimer sa tendresse à son excellente mère; mais à celui qui n'est plus a-t-elle pu seulement faire entendre le doux nom de père? Avec une grâce charmante, avec un naturel parfait, elle fera tout à l'heure la quête d'usage: elle le fera sous le regard attendri de sa mère, elle n'aura pas le bonheur de rencontrer le regard de son père. Bénissons néanmoins le Seigneur : Maître absolu de la mort comme de la vie, il en dispose selon sa sagesse, il en dispose selon son amour. Les chrétiens, il est vrai, ne sont pas exemptés ici-bas des séparations douloureuses, mais n'ont-ils pas au-delà du tombeau une patrie bienheureuse où ils se retrouvent pour ne plus se quitter?

Puisque nous en sommes à pleurer les absents, disons-le tout de suite, une maladie bien inopportune, quoique le danger fût conjuré, privait M. l'abbé Marchal et sa famille de la présence de M. Mathis, maire de Ville-sur-Illon, membre du conseil général des Vosges. Son respectable père et son jeune fils étaient de la fête : que n'a-t-il pu occuper au milieu d'eux sa place naturelle ?

Enfin deux autres places étaient réservées à la Maison des Étudiants, l'une à son directeur, M. l'abbé Morel, l'autre à M. l'abbé Briot, professeur de philosophie. M. l'abbé Morel était retenu par une impérieuse nécessité, mais c'est lui qui aurait dû faire ce récit, il eut trouvé dans son cœur d'inimitables accents. Quant à M. l'abbé Briot, il parcourait en ce moment les sanctuaires bénis de Rome, et y priait sans doute pour le jeune prêtre : un double lien les attachait l'un à l'autre, le souvenir classique de la philosophie, le souvenir plus doux encore des malheureux qu'ils avaient soulagés ensemble, l'un comme directeur, l'autre comme membre de la conférence de la Malgrange, puis de la conférence des Étudiants.

Nous sommes loin de notre sujet ; mais ce détail était bon à noter, il nous sera tout à l'heure de quelque utilité. La cérémonie est commencée ; on est au sermon. Il a été donné par M. l'abbé Vanson, supérieur de la Malgrange, que nous aurions nommé plus haut s'il n'avait pas dû trouver ici une place réservée.

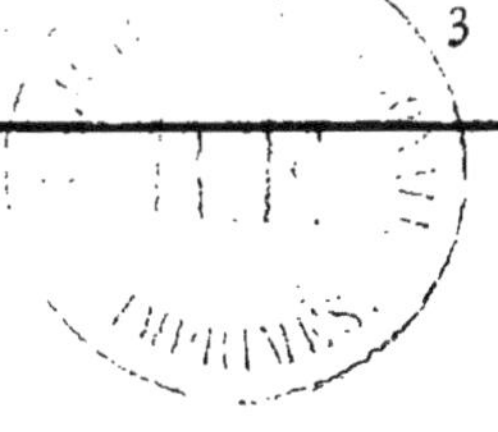

Disons d'abord qu'un collége ecclésiastique n'a pas pour but de préparer des aspirants au sacerdoce, mais simplement de former dans de jeunes âmes ces convictions fortes, ces sentiments élevés et généreux qui distinguent dans la vie les hommes de caractère, les véritables chrétiens. Mais s'il arrive que la Providence daigne abaisser ses regards sur ces jeunes âmes et en marquer quelqu'une pour une dignité plus haute, quelle grâce et quelle gloire pour la maison, quel bonheur pour les maîtres ! on se représente donc facilement l'émotion de M. le supérieur de la Malgrange : il a eu les accents d'un père célébrant la gloire de son fils au milieu des splendeurs du triomphe. Aussi sa parole à la fois simple et noble, lumineuse et éloquente a rencontré dans l'auditoire l'attention la plus religieuse, elle y a provoqué les plus vives et les plus douces émotions. Le jeune prêtre et sa famille eussent voulu garder comme un précieux souvenir cette belle instruction sur le sacerdoce chrétien. Hélas ! elle n'avait pas été écrite : sauf quelques rares passages, elle a été dite de cœur. Nous allons essayer d'en donner un ample aperçu et nous aurons le plaisir d'y enchasser les passages écrits.

La plus grande grâce que Dieu puisse faire à un de ses enfants, c'est de l'appeler à l'honneur du sacerdoce. A l'appui de cette vérité, l'orateur établit une rapide comparaison d'où il ressort que les fonctions humaines, si élevées qu'on les suppose, restent bien au-dessous des fonctions sacrées. Il en conclut rigoureusement qu'une famille doit s'estimer bien honorée quand Dieu marque un de ses membres pour cette dignité sublime. Puis, s'emparant d'un passage de l'Écriture Sainte très-heureusement approprié à la circonstance :

Comme Jacob, s'écrie-t-il, comme Jacob vous avez vu pendant quelques années disparaître votre Joseph. On vous a rapporté la robe de son enfance teinte dans le sang de votre sacrifice. Mais aujourd'hui vous le retrouvez sur un trône dans le palais du roi des rois : il est revêtu de la pourpre, ses mains sont pleines de grâces spirituelles qu'il est prêt à répandre sur le peuple de Dieu. Quand Joseph fut en présence de son père et de ses frères, il ne craignit pas de descendre de sa grandeur et de tomber dans les bras de ses proches en s'écriant : Je suis Joseph, je suis toujours votre fils, je suis toujours votre frère. Ainsi en est-il de notre jeune prêtre. Bien qu'il appartienne à l'Église dont il est désormais le ministre, il n'a pas cessé d'appartenir à sa famille, ses sentiments pour elle n'ont rien perdu de leur ardeur et du haut de son trône il peut, comme Joseph, faire entendre aux siens ce cri d'amour : Je suis toujours votre fils, je suis toujours votre frère.

Un rapprochement si touchant ne pouvait manquer son effet. Les larmes de l'assistance ont indiqué à l'orateur qu'il était maître de son auditoire et qu'il pouvait avec confiance aborder son sujet.

La puissance du prêtre sur Dieu, la puissance du prêtre sur l'homme, telles étaient les deux grandes divisions.

I.

Le prêtre est puissant sur le cœur de Dieu par *la Prière*. Chacun dans ce monde a sa vocation ; quant au prêtre, sa mission spéciale c'est de prier, soit pour lui-même, soit pour les hommes.

Mais ce n'est pas assez pour Dieu d'être prié par les individus. Comme il a créé la famille, la paroisse, la cité, l'État, il veut que chacune de ces aggrégations reconnaisse son empire par un culte public, et c'est le prêtre qu'il a constitué ministre de ce culte. Les Livres saints ne nous disent-ils pas en effet que le prêtre doit se tenir entre le vestibule et l'autel et crier à Dieu : pardonnez, Seigneur, pardonnez à votre peuple.

Mais si Dieu exige un tel culte, il y attache évidemment des grâces, et le prêtre qui en est le ministre a nécessairement sur son cœur une puissance toute spéciale.

Le prêtre exerce une puissance plus grande encore sur le corps et le sang de Jésus-Christ par *le Sacrifice*.

Dieu s'est fait homme, il a habité parmi nous ; mais depuis l'Ascension, l'humanité de Jésus-Christ n'est plus qu'au Ciel et là où le prêtre a voulu la rendre présente.

Comme ce général romain qui s'était engagé à revenir si les siens rejetaient les conditions de paix dont il était porteur et qui revint, en effet, subir à Carthage le plus cruel des supplices, ainsi Jésus s'est engagé à revenir à la voix du prêtre et à remettre entre ses mains son Corps et son Sang.

Et partout où le prêtre appelle Jésus-Christ, l'Agneau sans tache se rend à l'appel du prêtre, fallût-il descendre dans les souterrains, prendre le chemin de l'exil, se retirer au fond des déserts, au sein des forêts sauvages.

Pourvu que le prêtre ait à sa disposition le pain et le vin du sacrifice, Jésus-Christ descend entre ses mains, se constituant son prisonnier, sa victime.

Voilà le sacrifice de la loi nouvelle, il est la gloire du prêtre, nous n'en voulons d'autre preuve que la solennité dont nous sommes témoins ; il est aussi le bonheur du prêtre qui trouve en Jésus-Christ un ami, un consolateur, un refuge.

Le Prêtre exerce enfin sa puissance sur la volonté de Dieu par le *Droit de grâce.* Dans l'évangile de Quasimodo, que nous lisions hier, Jésus-Christ apparaît à ses apôtres, il souffle sur eux et leur dit : *Recevez le Saint-Esprit : les péchés seront remis à ceux à qui vous les remettrez, ils seront retenus à ceux à qui vous les retiendrez*. Par ces paroles Dieu délègue évidemment sa puissance, il confère au prêtre catholique le droit de grâce. Les juges, parmi les hommes, n'en sont pas investis : ils condamnent le coupable, ils n'ont pas le droit de lui pardonnner sa faute. Dieu seul peut le faire, ainsi que ceux avec qui il veut bien partager le droit souverain. Il est donc vrai de dire que le prêtre ouvre et ferme le ciel, qu'il dispose de la volonté, de la puissance de Dieu.

II.

Le prêtre est puissant sur l'homme par *la Parole.*

Toute parole est puissante quand elle part d'une conviction forte et d'un cœur chaleureux ; mais qu'est-ce que la parole de l'homme à côté de la parole du prêtre ? Le prêtre ne parle pas en son nom, mais au nom de Dieu dont il est le représentant. Il ne propose pas sa doctrine aux discussions, au jugement, à l'approbation des hommes, il l'impose comme la vérité qu'il tient de Dieu et qu'il a le droit et le devoir de transmettre. Aussi voyez dans l'histoire du genre humain les effets merveilleux de cette parole. Elle s'est à peine fait entendre que le paganisme s'écroule et sur les débris de cette civilisation corrompue s'élève la civilisation chrétienne avec son cortége de vertus sublimes. Et d'ailleurs, à ne considérer cette parole que dans son objet, comment ne serait-elle pas puissante sur le cœur de l'homme puisqu'elle l'entretient de tout ce qu'il a de plus cher, de son âme et de ses intérêts les plus sacrés? Il n'est donc pas étonnant que les Saintes-Écritures, principalement par la bouche du prophète Isaïe et de l'apôtre saint Paul, recommandent avec tant d'instance le ministère sacré de la parole.

Le Prêtre exerce un pouvoir non moins réel par *les fonctions du ministère.*

Nous ne saurions mieux résumer cette partie du discours qu'en reproduisant le portrait du prêtre exerçant au milieu de sa paroisse le ministère si grand et si varié qui lui a été dévolu :

Il est, dit l'orateur, il est un homme mêlé par la nécessité de son ministère à tous les actes de la vie, un homme qui préside à tout ce qu'elle a de grand, d'important, de sacré; un homme qu'on est habitué à voir dans les temples de Dieu, séparé de la foule, élevé sur un piédestal, placé comme intermédiaire entre la terre et le ciel; un homme dans le sein duquel on vient déposer les secrets les plus intimes, les aveux les plus pénibles, les mystères les plus cachés et qui par là renferme pour ainsi dire dans le sanctuaire de sa conscience toutes les consciences de son peuple; un homme dont l'enfant est habitué à recevoir toutes les paroles comme autant d'oracles et que, dans sa pieuse ingénuité, il regarde comme impeccable; un homme dont le maintien sévère, la démarche grave, l'extérieur recueilli imposent le respect et la confiance et que ces symboles extérieurs, images des vertus qui doivent orner son âme, font considérer comme un être à part, un être privilégié; un homme enfin qui doit paraître comme entouré d'une auréole, mystérieux reflet de la pureté de sa vie et du caractère sacré de ses fonctions; tel est le prêtre, tel il paraît aux fidèles, tel il est dans le dessein de Dieu, tel il doit être pour le bonheur du monde.

Après avoir tracé ce portrait aussi vrai qu'éloquent, l'orateur a, dans un mouvement magnifique, défié les puissances adverses d'anéantir l'influence du prêtre sur la société; puis, dans une application des plus naturelles et des plus délicates, il a fait l'éloge de M. l'abbé Lemasson et de la paroisse de Ville-sur-Illon, l'éloge du pasteur dont tout redit l'intelligence, le zèle et le dévouement, l'éloge de la paroisse dont la foi est si vivante, et l'esprit si profondément chrétien.

Le Prêtre est puissant enfin *par les œuvres de la Charité*. L'orateur restreint son sujet à une forme spéciale de la Charité.

Il est un âge, a-t-il dit, un âge où la passion qui commence porte à fuir le prêtre parce qu'il rappelle trop la morale et la vertu.

Il est une classe d'hommes qui, entraînés par le milieu dans lequel ils vivent, oublient peu à peu le prêtre et arrivent presque à le redouter, à le haïr.

Cet âge, c'est l'adolescence, cette classe d'hommes, ce sont les ouvriers des villes.

A notre époque la grande œuvre de charité

pour le prêtre, c'est donc le patronage des jeunes gens, ce sont les cercles catholiques d'ouvriers. C'est là qu'il doit porter le remède parce que c'est là qu'est le mal, c'est là qu'il doit porter l'effort parce que c'est là qu'est la résistance.

Aussi, Mgr l'Évêque de Saint-Dié dans sa haute intelligence des besoins de notre temps, a très-bien compris cette nécessité. C'est pourquoi reconnaissant en M. l'abbé Marchal des aptitudes spéciales, Sa Grandeur s'est hâtée de l'attacher à sa personne afin qu'il pût plus facilement s'occuper de l'œuvre des Jeunes Ouvriers.

L'orateur en recherchant l'origine de ces aptitudes a ajouté ensuite que l'honneur en revient aux Conférences de Saint-Vincent de Paul. Vous vous rappelez, cher ami, ce beau développement qui était emprunté à votre vie d'écolier : vous vous rappelez l'ardeur avec laquelle vous demandiez autrefois à faire partie de la jeune Conférence de la Malgrange, et les émotions de votre cœur compatissant quand vous sortiez pour la première fois des chaumières de Jarville et de Bonsecours ; vous vous rappelez le beau repas des Vieillards, à l'ombre des grands arbres du bosquet où, après avoir servi avec amour vos hôtes émus, vous étiez chargé encore de les divertir par quelque joyeuse chansonnette; vous vous rappelez enfin les fonctions plus graves que vous aviez ensuite à remplir dans la Conférence des Étudiants, et les pauvres enfants de la foire que vous prépariez avec une bouillante ardeur au grand acte de la première communion. Nous ne croyons pas nous tromper, ces souvenirs vous ont profondément ému. L'orateur touchait du même coup à ce qui vous a le plus fortement passionné dans la vie du collége, à ce qui fait encore à l'heure présente votre plus grande préoccupation. Comment votre cœur eut-il pu résister à ces traits victorieux? Aussi le discours s'est terminé, comme il avait commencé, au milieu de vos larmes, au milieu des larmes de toute l'assistance.

Nous ne pouvons suivre le jeune prêtre dans les diverses parties du sacrifice. Entre son cœur et le cœur de Jésus présent sous ses yeux, il s'accomplissait sans doute des mystères d'amour, quelque chose de ce qui se passait autrefois au Cénacle entre le Sauveur et son disciple bien-aimé, mais il ne nous appartient pas de pénétrer dans ce sanctuaire de l'âme. Disons toutefois qu'au moment de la communion nous avons vu des choses bien attendrissantes. Les amis de séminaire s'étaient disputé l'honneur de remplir les diverses fonctions de la liturgie. Était-ce l'émotion du jeune prêtre qui les avait gagnés en ce moment solennel ? Était-ce la pensée qu'un bonheur semblable les attendait dans un prochain avenir ? Toujours est-il que le baiser de paix fut donné et reçu au milieu d'émotions bien vives et de larmes bien douces.

Après la messe, suivant un usage touchant, le jeune prêtre donna par l'imposition des mains ses bénédictions les plus abondantes aux membres du clergé, à son père dont le cœur était alors bien gros, à sa mère en pleurs, à toute une multitude qui se pressait à ses pieds. Chacun était bien ému, chacun se redisait en sortant de l'église : « Quelle belle fête ! quel beau jour ! » Malgré les poignantes inquiétudes qu'avait causées, la veille, une température des plus défavorables, le soleil avait consenti, en ce jour de fête, à redevenir radieux. Il s'est passé quelque chose d'analogue dans le ciel de nos âmes. Nous avons oublié pour un moment les tristesses de l'heure présente et les graves préoccupations de l'Église de France ; on eut dit que les cieux entr'ouverts nous avaient envoyé un rayon de lumière, de joie et de bonheur.

En faisant le bien, les vrais chrétiens n'ont d'autre but que d'être agréables à Dieu ; il est bon cependant, pour l'édification commune, de signaler quelquefois leurs bonnes œuvres à l'attention des hommes. C'est pourquoi, (M. l'abbé Marchal et sa famille voudront bien nous le pardonner) nous prenons la liberté de rappeler ici que cette solennelle circonstance a été marquée par divers bienfaits. Les enfants adoptifs du jeune prêtre, les jeunes gens dont il s'occupe au patronage ont eu la première part : l'offrande considérable recueillie pendant la messe a été versée dans la caisse de cette belle œuvre; on n'a pas oublié non plus les pauvres de Ville-sur-Illon : le bureau de bienfaisance a reçu une importante libéralité. Enfin, l'église où l'on a goûté tant de bonheur doit être en retour embellie d'un magnifique Chemin de Croix. C'était la meilleure manière d'exprimer à Dieu sa reconnaissance et d'attirer les bénédictions du Ciel sur le jeune prêtre et sur son ministère.

Cela dit, nous voulons rester un instant encore auprès de cette estimable famille, nous voulons ajouter quelques mots sur deux fêtes qui ont servi de complément à celle que nous venons de décrire.

Cette cérémonie touchante a été suivie d'un banquet où prenaient place une centaine de convives. Madame Salmon, la sœur de notre cher ami, avait la bonne fortune de pouvoir réunir tous les invités dans un local spacieux qu'elle avait orné avec un goût exquis et transformé pour la circonstance en une vraie salle de festin. Les âmes étant encore pénétrées des suaves impressions de la première messe, il n'a pas été difficile d'établir sur ce terrain commun un échange d'idées et de sentiments ; une joie douce et sereine, une franche cordialité ont régné dans l'assemblée, vous eussiez dit les premiers chrétiens réunis en une agape fraternelle. A la fin du repas, M. le Supérieur de la Malgrange s'est levé pour le toast d'usage : si notre mémoire est fidèle, c'est à peu près dans les termes suivants qu'il a redit une dernière fois à M. l'abbé Marchal et à sa famille les sympathies de l'assistance.

« MESSIEURS,

« Ce matin, j'ai célébré les grâces spirituelles reçues par notre jeune prêtre, en ce moment je dois célébrer les grâces temporelles dont il nous gratifie. J'ai comparé notre jeune ami à Joseph : je serais presque tenté en ce moment de le mettre au-dessus de l'ancien patriarche; car Joseph n'a rempli les greniers de Pharaon que de blé, et ici nous avons trouvé plus que de la farine.

« Pour parler sérieusement, Messieurs, je suis heureux de porter la santé de notre jeune prêtre d'abord, puis de tous les membres de son excellente famille, de son père, de sa mère, de son frère, de sa sœur et de deux autres personnes que je n'ai pu spécifier dans mon discours parce que leur nom n'est pas précisément du style oratoire, je veux parler de madame sa belle-sœur et de sa petite nièce.

« Je crois aussi, Messieurs, répondre aux sentiments de tous, en rappelant ici le souvenir de M. Alfred Mathis dont je vois à cette table le vénérable père et l'aimable fils : nous espérons que les dernières traces de la maladie qui nous prive encore aujourd'hui de sa présence auront bientôt disparu, et dans cet espoir, je porte, Messieurs, avec les sentiments d'une affection bien vive, la santé de M. le Maire de Ville-sur-Illon. »

Ces paroles ont été plus d'une fois chaleureusement applaudies et le nom de M. Mathis n'a fait que provoquer un redoublement d'émotion. Un instant après on quittait la salle et un certain nombre des invités s'éloignaient de Ville-sur-Illon, en emportant de cette belle fête un souvenir ineffaçable. Ceux qui avaient pu prolonger leur séjour regagnaient l'église dans la matinée du lendemain et assistaient à un service solennel pour les défunts de la famille : il convenait en effet que l'éclat de cette fête eût son retentissement dans l'autre monde et, puisque ces chères âmes n'avaient pu participer ici-bas à la joie commune, elles devaient recevoir de l'amitié fidèle une pieuse compensation, la rosée rafraîchissante de la prière.

www.ingramcontent.com/pod-product-compliance
Ingram Content Group UK Ltd.
Pitfield, Milton Keynes, MK11 3LW, UK
UKHW020948220726
13924UKWH00002B/560

9 782014 459357